La Révolution française
expliquée à ma petite-fille

Michel Vovelle

La Révolution française expliquée à ma petite-fille

Éditions du Seuil

ISBN 978-2-02-081245-0

www.seuil.com

À Gabrielle, ma première petite-fille,
complice de ces entretiens,
à ceux qui vont grandir,
Marie, Camille, Matthieu, Guillaume,
et à tous les autres…

Je garde précieusement la médaille qui me vient
de mon père Gaétan Vovelle,
instituteur public (1899-1969),
et qui dit : « Tous les enfants du monde
sont mes enfants. »

Gabrielle, qui vit en Italie, à Pise, a accepté de me consacrer quelques heures, pendant son séjour de vacances en France, pour discuter avec moi, son grand-père, de cette Révolution française que j'ai enseignée pendant quarante ans. Ça pourrait être un moyen de mieux se connaître si nous réussissons…

Chapitre 1

LA RÉVOLUTION FRANÇAISE : UNE RÉVOLUTION PAS COMME LES AUTRES

– As-tu entendu parler de notre « Grande Révolution » ? Cela te dit quelque chose ?

– *Un peu, mais pas beaucoup, à quatorze ans j'entre juste au « Liceo classico » et on ne m'en a pas encore parlé.*

– Rassure-toi : même si on leur en a déjà dit quelque chose, je suis sûr que pour beaucoup de collégiens français de ton âge, c'est une histoire compliquée, lointaine, avec plein d'événements, de personnages. Un historien d'il y a plus d'un siècle, Alphonse Aulard, a écrit : « La Révolution française, pour la comprendre il faut l'aimer. » On va d'abord essayer de comprendre, on verra ensuite si on aime à la fin du jeu… Pour cela, ce serait bien que tu me poses des questions…

– *Mais je ne sais pas poser les bonnes questions…*

– Je m'en doutais, mais je suis sûr qu'il t'en viendra : il suffit de bien démarrer.

– *Grand-père, qu'est-ce que c'est une révolution ?*

– Tu as commencé le latin, as-tu entendu parler de Spartacus ? Spartacus, c'était dans l'Antiquité, au temps de la République romaine, avant notre ère. Esclave lui-même, il a pris la tête des esclaves révoltés pour menacer les maîtres. Mais les esclaves furent écrasés et mis à mort. La révolte de Spartacus a laissé son souvenir dans l'histoire, mais c'est une révolte parmi les milliers de révoltes des opprimés contre leurs oppresseurs.

– *La Révolution française est-elle une révolte d'esclaves comme celle de Spartacus ?*

– Non, la Révolution française, en 1789, prend place dans tout un ensemble de révolutions – à Genève, en Belgique, aux Pays-Bas…, la plus importante étant la révolution américaine, c'est-à-dire le soulèvement des treize colonies anglaises de la côte est de l'Amérique du Nord, contre leur métropole, entre 1779 et 1783. Elle a donné naissance aux États-Unis actuels. Une révolution, à la différence d'une révolte, change le cours de l'histoire, dans un pays.

– *Mais alors, la Révolution française n'est qu'une révolution comme les autres ?*

– C'est une révolution parmi d'autres, en effet, et on nous a souvent reproché, à nous Français, de vouloir orgueilleusement la mettre à part, en lui donnant une importance particulière. Mais pour comprendre, il faut commencer par voir comment et pourquoi tout a débuté. Et la réponse n'est pas si simple. Les hommes de la Révolution, dès l'origine, ont appelé « Ancien Régime » le monde qu'ils avaient détruit, comme s'ils voulaient tourner la page en entrant dans une nouvelle aventure. Cet Ancien Régime était celui du royaume de France, une monarchie sur laquelle régnaient le roi Louis XVI et son épouse Marie-Antoinette. Louis XVI n'était pas un mauvais homme, il avait de bonnes intentions à défaut de grandes qualités. Il n'a pas eu de persévérance à garder de bons ministres – Turgot, Necker… – et à défendre les réformes qu'ils proposaient. C'est que la résistance était forte de la part des privilégiés, et la crise grave.

– *C'est quoi les privilégiés ?*

– Dans la France de l'Ancien Régime, tous n'étaient pas égaux ; la société était divisée en ordres, qui avaient plus ou moins de privilèges : en tête, le clergé, l'église catholique, qui avait seul le droit d'enseigner la religion, mais qui était aussi très riche en terres et en revenus. Plus riches encore les aristocrates, formant l'ordre de la noblesse, possesseurs du quart au moins des terres, favorisés de privilèges honorifiques, mais aussi fiscaux, fiers de leurs titres, servant le roi dans ses armées, mais la plupart du temps vivant oisifs dans leurs châteaux ou à la ville, les plus distingués résidant à la cour du roi, à Versailles. Il y avait des très riches, parmi eux, et d'autres qui l'étaient moins. Certains avaient acquis leur noblesse en achetant une charge de magistrat : c'était la noblesse de robe. Que leur noblesse soit ancienne ou récente, les nobles tiraient leurs prétentions des temps médiévaux de la féodalité, c'est-à-dire d'une période où la structure politique du royaume reposait sur des relations de vassalité : le propriétaire d'un fief, appelé le vassal, et tous ceux qui y vivaient et y travaillaient devaient foi et hommage au seigneur, souvent un noble. Ces seigneurs avaient dominé une paysannerie de serfs, des paysans attachés à leur terre et qui devaient la mettre en valeur. Mais à la fin du XVIIIe siècle, en France, il n'y avait presque plus de serfs : les paysans étaient libres, et souvent propriétaires de leurs biens, qui représentaient au total près de la moitié du sol français. Il subsistait néanmoins des obligations et des redevances : c'étaient les droits féodaux et seigneuriaux, qui se payaient en argent ou en nature, et étaient parfois très lourds, comme le « champart » – après la moisson, les envoyés du seigneur prélevaient dans les champs une gerbe sur dix, ou sur douze, ou sur quatorze. Les seigneurs avaient gardé des droits honorifiques, leurs justices, leur place à l'église, le droit de chasse.

– *Comment les paysans ressentaient-ils cela ?*

– Eux sur qui pesait presque tout le poids de l'impôt royal ressentaient durement ces humiliations. Ils s'agitaient pour défendre leurs droits que les nobles avaient tendance à grignoter, et parfois ils se révoltaient : en particulier pour protester contre la cherté du pain en temps de disette. Et ils n'étaient pas les seuls, car pour les ouvriers des villes, comme pour eux, le pain était l'aliment principal et représentait pour une famille la moitié du salaire, chaque jour. Qu'en penses-tu, toi pour qui il ne faut surtout pas manger trop de pain ?

– *J'aimerais surtout savoir ce qu'est une disette !*

– Dans ce grand royaume qu'était la France, peuplé de vingt-huit millions d'habitants, il y avait de riches plaines, comme autour de Paris, et des régions beaucoup plus pauvres, dans les montagnes par exemple ; mais, en tout lieu, le blé pour le pain restait une nécessité essentielle : qu'une ou plusieurs mauvaises récoltes adviennent en raison des conditions climatiques, et les prix flambent, la misère s'installe, la révolte gronde ; c'est ce qu'on appelle une « émotion populaire ». Le XVIIIe siècle avait vu reculer ces crises et la mortalité qui les accompagnaient, mais elles subsistaient, et c'est ce qui s'est passé en 1788 et 1789 : à la veille de la

Révolution, des révoltes éclatent dans plusieurs provinces et les villes sont agitées.

– *Et c'est cela qui a causé la Révolution ?*

– Oui et non. Nous avons parlé des paysans, et nous avons eu raison, ils forment les trois quarts de la population, mais ils ne remplissent pas tout l'espace à côté des deux premiers ordres. Ils font partie du troisième ordre, que l'on appelle le tiers état : gens des villes et des campagnes, riches ou pauvres, qui constituent au total 95 % des Français. Tous – surtout les pauvres, bien sûr – sont touchés par la crise, mais, comme disait un de mes maîtres, il y a des crises tous les dix ans, il n'y a pas une révolution à chaque fois. C'est une des causes, mais non la seule.

Mettons-nous à l'écoute des villes, pour voir où gronde la colère, où se manifeste l'insatisfaction. Paris est une grande cité, avec six cent mille habitants, la troisième au monde sans doute.

– *Quelles sont les deux autres ?*

– Londres et probablement Pékin. Revenons en France où il y a d'autres grandes villes

(Lyon, Marseille, Bordeaux), beaucoup de petites et des bourgs. Nous y trouvons une foule de gens du petit peuple, des mendiants aux travailleurs journaliers, les « gagne deniers », mais également des artisans, des commerçants – on dit « l'échoppe et la boutique » –, qui sont associés en corporations, regroupant maîtres et compagnons indépendants. Il y a aussi une bourgeoisie, opulente, composée de négociants parfois très riches – dans les ports –, de banquiers, d'entrepreneurs de manufactures dans le textile ou la métallurgie naissante. Au sein de cette bourgeoisie, un groupe ne doit pas être oublié : les avocats, les gens de justice, les médecins. Aujourd'hui, on dirait les intellectuels et les professions libérales. Garde-les à l'œil, nous allons les retrouver.

Car la bourgeoisie, si elle n'a pas encore vraiment le profil que lui donnera la révolution industrielle du siècle suivant, a énormément profité du développement économique du XVIIIe siècle, avec l'essor du grand commerce maritime. Elle a de nouvelles aspirations, de nouvelles ambitions. Un des futurs porte-parole de la Révolution, Barnave, écrira qu'à une nouvelle distribution des richesses doit correspondre une nouvelle distribution des pouvoirs… Tu sais, on a beaucoup écrit et beaucoup lu durant le XVIIIe siècle, ce qui lui vaut son titre de siècle des Lumières. Tu en as entendu parler en Italie ?

– *Oui, bien sûr… I lumi, l'Illuminismo… Mais qu'est-ce que c'est exactement ?*

– C'est tout un courant d'idées à travers l'Europe. De Naples à Milan, vous en avez eu de brillants représentants : tous ont lu le traité *Des délits et des peines* dans lequel votre juriste Beccaria dénonçait la torture et les peines inutiles ou injustes. De l'Angleterre à l'Allemagne, de grandes voix se sont aussi fait entendre. En France, Montesquieu, Voltaire, Rousseau, Diderot, chacun dans son style, ont fait résonner la voix de la philosophie. Contre l'intolérance religieuse et pour les libertés, contre l'arbitraire de l'absolutisme et pour un régime politique où les citoyens, garantis par une constitution, participent à la gestion de l'État. Les journaux, on dit encore souvent les gazettes, mais aussi les associations diffusent ces idées : sous une forme simplifiée, elles ne sont pas inconnues des classes populaires dans une France où plus de la moitié des adultes savent lire et écrire (on le voit à leur signature)…

– *Ce n'est pas beaucoup… non ?*

– Ça peut nous paraître faible, et plus encore, si nous regardons l'inégalité entre les hommes et les femmes, bien défavorisées, ou entre les régions – le Nord est plus savant que le Midi… Mais, à l'échelle de l'Europe, la France n'est pas mal placée. Et, dans les villes, on voit naître une opinion publique dont les campagnes ont des échos.

– *Alors, ils sont tous d'accord, les riches, les pauvres… et contre quoi ?*

– N'allons pas trop vite. Les choses ne sont pas aussi simples qu'on pourrait le croire. La révolution qui se prépare sera-t-elle, comme on a dit, la fille de la misère ou de la prospérité ? Un de nos grands historiens, Michelet, au XIXe siècle, évoquant la disette, se penchait, se souvenant de la Bible, sur le paysan : « Voyez-le couché sur son fumier, pauvre Job… » Cela te dit quelque chose ?

– *Oui, c'est un malheureux à qui Dieu fit subir des épreuves avant de le récompenser. N'y va-t-il pas un peu fort Michelet ?*

– C'est une image, il écrit comme cela. Mais plus tard, au début du XXe siècle, un autre grand historien, Jean Jaurès, dit, en gros : mais non, ce n'est pas la misère qui a fait la révolution, c'est la volonté de ceux que leur rôle et leur richesse incitaient à prendre leur place réelle dans la société, les bourgeois. Michelet, Jaurès : qui a tort, qui a raison ?

– *C'est à toi de le dire, grand-père !*

– Ils ont raison tous les deux. De la prospérité du siècle, tous n'ont pas profité. La misère va contribuer à mobiliser non seulement les villes mais aussi les campagnes. Elles explosent en 1789 et une nouvelle crise sévira en 1795. Mais ce « chef d'orchestre, la misère » ne résume pas toutes les revendications populaires. Les paysans, pauvres ou riches, ont un compte à régler avec le système féodal, ou ce qu'il en reste, et la révolution paysanne va converger, un temps du moins, avec celle des bourgeois des villes.

L'élite de la fortune et du savoir a ses objectifs et ses buts de guerre. Des porte-parole lui tracent la voie : un abbé, Sieyès, expose le problème dans un écrit intitulé *Qu'est-ce que le tiers état ?*. Ce tiers état, sur qui pèsent les impôts et les charges, « aujourd'hui il n'est rien… qu'aspire-t-il à devenir ? Tout ».

Chapitre 2

POURQUOI LA RÉVOLUTION ?

– *Tu nous expliques bien les causes de la Révolution, mais cela ne nous dit pas comment elle a éclaté… Qu'est-ce qui a provoqué la Révolution, en fait ?*

– Avec les causes profondes, venues d'un monde ancien vermoulu, j'ai quand même donné une place à la disette de 1789. Il est vrai que j'ai ajouté qu'elle n'explique pas tout. Car il y a d'autres raisons, celles mêmes qu'on a données à l'époque et qui étaient les plus visibles. Tout n'allait pas bien au royaume de France.

Le roi Louis XVI était un monarque absolu : il était l'élu de Dieu, sacré à Reims dans la cathédrale ; il était la loi vivante, au milieu de ses courtisans, dans son palais à Versailles, avec des ministres qui ne dépendaient que de sa volonté ; l'église catholique était associée à son pouvoir et les autres religions interdites (les protestants « tolérés » depuis 1788) ; des intendants administraient les provinces (les généralités) en son nom.

Mais cet édifice, construit pendant deux siècles par touches successives, n'avait jamais été mis en ordre : les limites administratives recouvraient un enchevêtrement de privilèges, la justice était exercée par des magistrats qui étaient propriétaires de leurs charges, à Paris ou en province, et qui avaient la prétention d'avoir un droit de regard sur les décisions royales. On les avait mâtés mais leur opposition s'est réveillée à la veille de la Révolution, et ces serviteurs, en théorie, du roi, allaient contribuer à la crise du régime et au déclenchement de la Révolution. Car il y avait un gros problème de finances. Les impôts pesaient essentiellement sur le tiers état : la taille était le seul impôt direct alors que la capitation, établie en 1695, pesait sur chacun, sur tous les ordres confondus. Ces impôts étaient mal répartis, injustement perçus, et, à côté de ces impôts directs, il y avait des taxes que le roi prélevait sur différents produits : la plus impopulaire, la gabelle, portait sur le sel, une denrée bien indispensable…

– *Pourquoi le sel particulièrement ?*

– Nos ancêtres, tu t'en doutes, n'avaient pas de réfrigérateur. Pour conserver la viande et les aliments, ils n'avaient guère que le sel. Il faudrait citer aussi une taxe particulière, la dîme, qui était perçue sur les récoltes au profit du clergé, pour l'entretien du culte, mais si souvent détournée que les curés parfois n'en profitaient même pas. La façon de faire payer les sujets, tu le vois, n'était pas satisfaisante mais celle de dépenser ne l'était pas davantage. La monarchie n'avait pas de prévisions strictes – ce que nous appelons un budget : ainsi, le roi lui-même pouvait puiser directement dans les impôts pour les besoins de son train de vie et celui de sa cour à Versailles. On disait la reine Marie-Antoinette dépensière. Le luxe des privilègiés insultait la misère des pauvres. Là-dessus survint, dans les années 1770-1780, la guerre d'indépendance des colonies anglaises d'Amérique, que le roi de France a soutenue…

– *C'était plutôt sympathique… Quel est donc le problème alors ?*

– Cela a coûté très cher. Et ainsi la dette s'est creusée, le roi devait lever de nouveaux impôts mais le mal était si grand que des réformes générales de tout le système s'imposaient.

J'ai annoncé la couleur dès le début : Louis XVI, qui régnait en 1789 depuis vingt-cinq ans, n'a pas eu l'énergie de mener des réformes. Je ne vais pas reprendre toute cette histoire, car j'ai hâte comme toi peut-être, d'entrer en Révolution. Disons que le roi n'a pas soutenu les ministres qui lui proposaient une refonte profonde des institutions, comme Turgot, le plus réformateur, qu'il a disgracié en 1774, puis Necker, Calonne, Loménie de Brienne et Necker de nouveau en 1789 : des noms que sans doute tu n'as pas besoin de retenir pour le moment, tous ont échoué. Car leurs efforts se sont heurtés à l'opposition des privilégiés : celle de la cour, des princes frères et parents du roi, celle des grands corps de l'État, que Louis XVI avait appelés à soutenir les réformes : deux assemblées de notables et aussi ces grandes cours de justice qu'étaient les Parlements, en premier lieu celui de Paris.

Profitant un temps du soutien, en province comme à Paris, d'une opinion qui voyait en eux les défenseurs des libertés contre l'absolutisme royal, ils ont bloqué toutes les tentatives de réforme alors que la crise s'aggravait. Ce sont ainsi les privilégiés qui ont, d'une certaine façon, précipité le cours des choses.

– *Mais alors, le peuple se trompait sur eux ?*

– L'illusion n'a duré qu'un temps. S'agissant de l'année 1788, et encore au début de 1789, les historiens parlent de « Pré-Révolution » et certains même de « révolution aristocratique », mais tu vois bien qu'il y avait un malentendu. Et, chemin faisant, l'opinion publique s'éduquait. Quand le parlement de Paris s'est pris à ce qui allait devenir son propre piège, en demandant au roi de convoquer des états généraux pour régler le problème des réformes, un grand espoir est né : le pays allait avoir la parole…

– *Qu'est-ce que c'est la réunion des états généraux ?*

– Réunir les états généraux, c'était une ancienne façon pour le roi de consulter ses sujets, ou du moins les représentants des trois ordres : cela faisait près de deux siècles que cela ne s'était plus fait. En même temps, grande nouveauté, les Français ont eu la parole. Et ils l'ont prise, puisqu'ils ont été invités à rédiger des cahiers de doléances dans tout le pays.

– *Qu'est-ce que cela veut dire, c'est comme une prière ?*

– Tu touches presque juste. Une doléance, c'est une plainte, on n'ose pas dire une réclamation, au bon vouloir du roi. Les Français ont rédigé leurs cahiers très sérieusement, chaque ordre ayant le sien, les membres du tiers état, dans leur village ou leur corporation, disant leurs misères, de façon souvent émouvante, parfois « téléguidés » par des personnes instruites qui ont fait passer des revendications plus générales. À ce moment-là, les sujets aiment encore le roi, une sorte de père pour eux, mais ils dénoncent les abus de l'administration, les droits seigneuriaux ; ils veulent bien payer l'impôt mais réclament le droit de le contrôler par leurs représentants, ils revendiquent le respect des libertés et la fin de l'arbitraire… Tu te doutes qu'il y a des voix discordantes, dans la noblesse… mais cela reste un témoignage fort sur l'état de la France en 1789. C'est ce message que les députés des différents ordres ont été présenter à Versailles, au mois de mai 1789, après une campagne électorale très vive et disputée.

– *Comme maintenant ?*

– Pas tout à fait. Si tous les sujets pouvaient théoriquement y prendre part, c'était suivant des modes très compliqués. Mais si tu veux, c'était quand même une première. Et un événement que l'ouverture des séances ce 5 mai 1789, avec le défilé des députés, nobles et évêques en habits chamarrés alors que les députés du Tiers étaient en uniforme noir plutôt triste. Et la bataille a commencé tout de suite : du roi et de son ministre Necker, le tiers état avait obtenu d'avoir autant de députés que les deux autres ordres privilégiés réunis (avec l'idée de grapiller des voix chez les curés ou les nobles libéraux, car il y en avait), ce qui lui donnait la majorité… si l'on votait en commun. Le roi, la cour, les privilégiés ne l'entendaient pas de cette oreille et voulaient

1. 5 mai 1789. L'ouverture des états généraux à Versailles.

que chaque ordre reste dans son coin ; dans ces conditions, le Tiers n'avait plus qu'une voix sur trois.

Il y a eu des tas d'épisodes que je ne peux tous raconter : le roi fait la leçon aux députés, et son maître des cérémonies veut leur faire quitter la salle ; un des orateurs du Tiers, déjà célèbre, Mirabeau, lui répond : « Nous sommes ici par la volonté du peuple, et nous ne sortirons que par la force des baïonnettes. » Plus important encore : les députés trouvent le lendemain porte close pour se réunir. Ils « squattent » une salle vide voisine, un jeu de paume (c'est-à-dire une sorte de tennis en salle), où, entassés, ils écoutent un des leurs, un savant, Bailly, qui leur fait prêter le serment de ne pas se séparer avant d'avoir obtenu une constitution, c'est-à-dire un texte écrit qui règle l'organisation du pouvoir. Ce serment du Jeu de paume, le 20 juin 1789, est un acte vraiment révolutionnaire, et que l'on peut dire fondateur, qui change tout. Les députés du Tiers se sont proclamés Assemblée nationale, puis Assemblée nationale constituante. Des membres du clergé les ont rejoints – des curés « patriotes », comme on commence à dire. Puis le roi a accepté que les ordres siègent ensemble. On pouvait espérer qu'il acceptait par là une amorce pacifique de changement : mais, pendant ce temps, il rassemblait des troupes autour de la capitale, où le peuple se mobilisait pour soutenir les députés à Versailles (qui est tout près de Paris). Le roi préparait, en fait, un mauvais coup : quand il a renvoyé son ministre Necker le 11 juillet, la révolte a grondé. Les Parisiens ont cherché des armes et, le 14 juillet, ils ont pensé en trouver à la Bastille, vieille forteresse du Moyen Âge, devenue prison d'État.

– *La Bastille, je connais. Qu'est-ce que c'est une prison d'État ?*

– C'est là que le roi enfermait sans jugement ceux qui lui déplaisaient. Des écrivains, des journalistes (on disait libellistes), auteurs d'écrits interdits, des mauvais sujets aussi, à la demande de leur famille. Il suffisait d'une simple lettre de cachet (sans accusation précise ni procès). C'était devenu le symbole de l'arbitraire royal. Il faut bien dire qu'en juillet 1789 la prison était presque déserte : une demi-douzaine de détenus. Ce n'est pas eux qu'on venait chercher mais des armes. Une foule

2. 14 juillet 1789. La prise de la Bastille.

armée, constituée surtout d'artisans et de petites gens, avec des soldats, les gardes-françaises, s'est dirigée vers la Bastille : le gouverneur a fait des difficultés pour ouvrir, il y a eu une bataille meurtrière du côté des assaillants, qui l'ont finalement emporté, et qui ont massacré le gouverneur. La prise de la Bastille, le 14 juillet 1789, est aussi importante et même plus que le serment du Jeu de paume : lorsque les députés sont en péril devant le coup de force royal, c'est l'entrée sur la scène du peuple parisien qui constitue l'événement majeur et va donner à la Révolution qui commence un caractère marqué, il faut le dire, par la violence, même si celle-ci avait déjà été présente auparavant.

– *On n'aurait pas pu faire autrement ? Les morts, c'est triste et peut-être pas juste, alors qu'on voulait faire un monde plus juste.*

– Tu vas droit au cœur du problème. La violence était-elle évitable ou nécessaire ? La prise de la Bastille nous donne des éléments de réponse : sans cette mobilisation, la situation aurait été bloquée. On voit bien que c'est le refus du roi, appuyé par le parti de la cour et par l'hostilité de ceux que l'on va appeler les aristocrates, qui a rendu impossible l'autre voie, celle des réformes. Le roi se sent solidaire des privilégiés, il le dit, « je ne veux pas me séparer de "mon clergé" et de "ma noblesse" ». Pour cela, il va ruser pendant plus de quatre ans, affectant d'accepter le nouveau cours des choses, alors qu'en face la force du mouvement révolutionnaire s'affirme, se durcit, et que l'escalade commence.

Nous n'aimons pas le sang, et nous avons raison. Nos ancêtres non plus : lorsqu'ils l'ont vu couler, beaucoup ont été horrifiés, par exemple quand ont été massacrés, en ces jours-là, l'intendant de la généralité de Paris (une sorte de préfet, pour faire simple), Bertier de Sauvigny, et son beau-père. Un jeune homme pauvre qui se fera connaître, Babeuf, écrit alors à sa femme : « Oh ! que toute cette joie me faisait mal… Les maîtres nous ont rendus aussi méchants qu'eux… »

Pour le moment, le pays est partagé entre deux sentiments très forts : l'espérance et la peur. Peur des puissants, des princes qui commencent à s'enfuir à l'étranger – on les appellera les émigrés. Mais aussi, au lendemain du 14 juillet, une grande panique, comme on

3. Images populaires qui représentent les trois ordres (le tiers état, le clergé, la noblesse), avant et après la Révolution.

Le Tems présent
A, ç'a ira, ç'a ira ç'a ira

n'en avait jamais vu, et comme on n'en reverra pas, parcourt presque tout le pays : on l'a appelée la Grande Peur. Dans les villages, un bruit se répand : les brigands arrivent, ils vont tout piller et brûler. Quels brigands ? Qu'importe, on court aux armes, la rumeur se transmet à côté... Ce n'était qu'un mauvais rêve. On peut dire que l'espérance l'emporte : au lendemain du 14 juillet, le roi s'est rendu à Paris, reçu par le nouveau maire (Bailly, celui du Jeu de paume) qui lui a remis une nouvelle cocarde. Plus qu'un gadget, un symbole : blanc (comme les drapeaux de la monarchie), mais solidement encadré par le bleu et le rouge, les couleurs de la ville de Paris. La nation se donne des couleurs, le tricolore... (En Italie, vous suivrez l'exemple en vert-blanc-rouge). On pourrait y voir l'annonce d'une monarchie constitutionnelle.

Chapitre 3

UNE MONARCHIE CONSTITUTIONNELLE

– *« Une monarchie constitutionnelle », c'est un mot compliqué... Qu'est-ce que cela veut dire « Constitution » ?*

– Non, ce n'est pas si compliqué... Louis XVI reste le roi à la tête d'une monarchie. Cependant, il n'est plus souverain absolu « par la grâce de Dieu », mais bien « roi des Français » qui lui confient cette charge au nom de la souveraineté nationale, c'est-à-dire du peuple ; ses sujets sont devenus des citoyens. Il devra respecter la Constitution, un texte qui règle le fonctionnement des institutions en tenant compte de la volonté générale déléguée à des représentants du peuple. Les états généraux, devenus Assemblée nationale constituante, se chargent d'en rédiger le texte, et, dès le mois d'août 1789, ils énoncent les principes dans la Déclaration des droits de l'homme et du citoyen.

Ils n'ont pas perdu de temps, la pression populaire est là, qui impose d'urgence des mesures radicales. On pourrait ne voir que la retombée de la Grande Peur, des châteaux brûlent un peu partout en France, alors que les paysans font un bûcher de tous les papiers seigneuriaux qui réglaient le prélèvement des redevances. Effrayés, les députés ont d'abord songé à les réprimer : mais il s'est passé ce qu'on a souvent décrit comme un « miracle » dans la nuit du 4 août 1789.

– *Ça existe les miracles en histoire ?*

– Pas vraiment. Disons plutôt que les possédants, et au premier rang des nobles « libéraux » favorables à la Révolution, ont pris conscience qu'il fallait une mesure radicale. Et ils sont venus, les uns et les autres, à la tribune de l'Assemblée, pour faire abandon de tous leurs privilèges (et parfois de ceux du voisin). Ne soyons pas mauvais public : au terme de cette nuit, on décida de l'abolition de la féodalité dans le royaume. C'est-à-dire de la fin de la société hiérarchisée : plus d'ordre de la noblesse, ni du clergé, plus de corporations, d'académies mais des citoyens libres et égaux devant la loi. Les droits et redevances féodaux et seigneuriaux étaient abolis : mais on mesure ici les limites de la générosité. Seuls les droits pesant sur la personne même disparaissaient, ceux qui touchaient la terre étaient déclarés rachetables.

Cette destruction de l'Ancien Régime institutionnel et social annonçait le texte majeur de la Déclaration des droits de l'homme, quelques semaines plus tard.

Première étape d'un gigantesque travail de refonte, de remodelage de la France qui va être l'œuvre de cette Assemblée.

Avant de l'évoquer, mettons les choses en place. La famille royale est désormais à Paris, au palais des Tuileries, un cortège de femmes l'a ramenée de Versailles, le 6 octobre 1789. L'Assemblée nationale siège non loin de là et fait l'expérience de la politique ; on n'y parle pas encore de partis, mais des groupes s'affrontent déjà : à droite, les contre-révolutionnaires, les aristocrates ou « les noirs » ; au centre, les patriotes constitutionnels où les orateurs se mettent en valeur, comme Mirabeau, Barnave ; quelques démocrates se signalent à gauche, comme Robespierre. La vie politique explose, avec les journaux, les clubs, les réunions politiques imitées de l'Angleterre : le club le plus célèbre et influent est celui des Jacobins, installé dans un ancien couvent. La province remue beaucoup : les anciennes autorités s'effondrent ; c'est la « révolution municipale ».

– *Alors la Révolution est faite ?*

– Elle ne fait que commencer, mais c'est vrai qu'à cette date une nouvelle France prend naissance sur des principes nouveaux. En 1790, on a célébré le 14 juillet une des plus belles fêtes de la Révolution pour commémorer l'anniversaire de la prise de la Bastille : c'est la fête de la Fédération qui a réuni à Paris des centaines de délégations pour prêter serment « à la nation, à la loi et au Roi » ; un acte de confiance dans l'unité nationale.

La Déclaration des droits de l'homme et du citoyen a été votée, tu t'en souviens, peu après la prise de la Bastille, le 28 août 1789 : c'est une date importante non seulement dans l'histoire de la Révolution française, mais aussi dans celle de l'humanité...

– *Cela n'avait jamais été fait avant ?*

– Si, mais pas avec l'ampleur de la déclaration française. Les Anglais avaient, depuis leurs révolutions du XVIIe siècle, une déclaration des droits mais pas de constitution écrite ; les Américains, durant leur guerre d'indépendance, avaient rédigé des déclarations dans les différents États. Mais l'ambition du projet français se découvre dès le titre « Déclaration des droits de l'homme et du citoyen » : pas simplement les garanties individuelles, mais celles du citoyen, acteur de la vie politique de la cité. Puis, au début, la formule frappante : « Les hommes naissent et demeurent libres et égaux en droits... » Te rends-tu compte ? Pas simplement les Français de 1789, mais les hommes de tous les pays, et pour tous les temps. Pour un texte rédigé au cœur des événements révolutionnaires en France, l'originalité est bien cette prétention à l'universalité. L'édifice de la société de l'Ancien Régime est remis en cause par la proclamation des valeurs nouvelles. Saurais-tu définir le terme de « valeurs » dans ce sens ?

– C'est ce à quoi on tient, ce en quoi on a confiance…

– Pas mal. Ce sont les idées fondamentales sur lesquelles les hommes en société s'appuient. Tout d'abord, la liberté sous ses différentes formes. La plus simple : la liberté de la personne, celle d'aller et venir, d'agir sans être arrêté arbitrairement si l'on ne fait rien de mal. Les Anglais l'avaient proclamée les premiers… les Français la reprennent en garantissant la sûreté des individus. Puis vient la liberté de pensée, de croyance et de religion. Tu te souviens que, sous l'Ancien Régime, en France, la religion catholique était seule autorisée, et dirait-on, obligatoire. Les communautés de juifs, dans l'Est ou le Midi, avaient un statut humiliant ; les protestants, que l'on avait voulu convertir de force à la fin du XVIIe siècle en les empêchant de pratiquer leur religion, avaient résisté en secret, surtout dans les régions où ils étaient nombreux comme dans le Midi, mais on venait à peine en 1788 de leur accorder la tolérance, c'est-à-dire la reconnaissance de leur existence, de leur état civil. La Déclaration des droits déclare que

« nul ne peut être inquiété pour ses opinions même religieuses ».

– *Drôle de formule, chacun a droit à sa religion ! Mais ce n'était pas le cas ?*

– C'est que les hommes de la Révolution ont conscience du poids du passé et, en effet, l'hostilité subsiste entre catholiques et protestants dans le Midi. Si ces derniers deviennent tout de suite citoyens à part entière, il faudra toutefois plusieurs années pour que les juifs soient totalement émancipés. Mais la liberté religieuse n'est qu'un des aspects de la liberté d'opinion et de la liberté d'expression qui en est le prolongement naturel… pour nous. L'Ancien Régime la proscrivait complètement. L'Église dénonçait les écrits « immoraux », antireligieux ou libertins, la royauté faisait régner la censure sur tout ce qui pouvait attaquer la personne royale ou l'ordre établi, l'imprimerie était surveillée, les livres clandestins traqués. Les journaux, les gazettes étaient interdits ou étroitement surveillés ; et pourtant, les années qui précèdent la Révolution ont vu se multiplier les écrits abordant les sujets de politique. La Déclaration des droits proclame la liberté d'expression, c'est-à-dire de la presse, en prenant quelques précautions, mais les journaux se multiplient qu'ils soient pro- ou contre-révolutionnaires. Parmi ces libertés proclamées, il y en a une que nous avons appris à regarder avec un peu de distance, c'est la liberté d'entreprendre, de produire et de fabriquer…

– *Tu as l'air de t'en méfier ?*

– C'est que, depuis le XVIIIe siècle, nous avons appris que la liberté absolue, dans ce domaine, peut devenir un facteur d'inégalité et d'oppression des plus pauvres du fait de la domination de l'argent. À l'époque déjà, deux attitudes s'affrontaient. Beaucoup de théoriciens, d'hommes d'État, d'économistes (un terme qui s'invente alors) vantent la liberté : « Laissez faire, laissez passer. » Liberté de circulation des produits, des grains en particulier, dans un pays tout cloisonné de douanes intérieures. Liberté d'organiser les cultures à leur guise pour les gros agriculteurs, sans se plier à la discipline villageoise, liberté de s'établir pour les artisans et commerçants, qui étouffent dans le cadre réglementé des anciennes corporations en crise… Liberté confirmée par la Révolution qui prendra des mesures pour la rendre effective ; mais une autre voix se fait entendre : c'est celle des groupes populaires, à la campagne comme à la ville, qui dénoncent la libre circulation jugée favorable à la spéculation, refusent la liberté des prix en réclamant la « taxation », en premier lieu des grains et du pain ; on en verra l'aboutissement durant les années qui suivent. Dans les campagnes, les villages défendent leurs droits communautaires, dans les villes, la crise accroît l'hostilité des plus démunis contre les bourgeois : ici le problème des libertés se conjugue, mais en termes contradictoires, avec celui de l'égalité. Celle-ci a été proclamée en deuxième rang après la liberté, on l'a vu.

– *Est-ce qu'elles ne marchent pas ensemble ?*

– Pas tout à fait. On est libre d'être riche… ou d'être pauvre. Les hommes de la Révolution le savent bien, qui ont lu les philosophes, par exemple Jean-Jacques Rousseau et son *Discours sur les origines et les fondements de l'inégalité*. Ils sont partisans de l'égalité des droits des citoyens : et c'est cette égalité qui résulte de l'abolition des ordres lors de la nuit du 4 août. Mais ils considèrent, du moins pour la plupart, qu'il ne faut pas toucher à l'inégalité des fortunes, inévitable. Et c'est pourquoi, au troisième rang des droits fondamentaux, ils ont placé la propriété, un droit sacré.

– *Je croyais que c'était la fraternité ?*

– C'est bien ce qu'on nous a transmis, mais c'est au XIXe siècle que la formule devenue classique « Liberté, égalité, fraternité » s'est mise en place, le troisième terme étant ajouté lors de la IIe République en 1848. La Révolution n'ignore pas la fraternité et l'assistance aux plus démunis, mais le droit de propriété n'est pas contesté, même dans les petits métiers des villes : l'idéal reste d'être un producteur indépendant dans son bien.

Ces proclamations sont rangées dans la Déclaration des droits sous l'étiquette de la souveraineté du peuple, qui s'exerce au travers de la loi : « Un peuple qui n'a pas de Constitution n'est pas un peuple libre. » Mais les députés n'ont pas attendu d'avoir achevé la Constitution pour se mettre à la tâche et réformer toute l'organisation de la France...

Ils ont rebâti le pays de fond en comble : non seulement par un effort de modernisation, comme nous dirions, mais sur des bases nouvelles. Le fatras des divisions administratives, judiciaires, financières qui se recoupaient, ils l'ont remplacé par un découpage unique en départements de surface équivalente, subdivisés en districts, et ceux-ci en cantons et enfin en communes. Quel travail ! On s'est demandé si on allait découper la France en carrés, comme les États de l'Amérique du Nord, mais finalement on a fait des compromis avec la géographie, et les départements ont eu un bel avenir. Dans ce cadre, on a installé les nouvelles administrations, et c'est là que l'esprit de la Révolution s'affirme dans la pyramide des pouvoirs : des municipalités à la base, des assemblées et des directoires de district et de département étaient élues, même si le gouvernement avait un procureur syndic pour le représenter. Si l'on voulait faire des comparaisons, on pourrait dire que le système était assez décentralisé et déléguait le pouvoir aux citoyens...

– *C'est cela la démocratie ?*

– Ne va pas trop vite, car tu risques d'être déçue quand nous allons compléter le tableau. Dans chaque département, les assemblées locales devaient élire des députés qui siégeraient à l'Assemblée législative qui remplacerait la Constituante, une fois son travail achevé. Mais qui étaient ces citoyens ?

– *Tu l'as dit : tous les Français…*

– Eh non… déjà nous excluons la moitié des adultes, les femmes qui n'ont pas le droit de vote, et il faudra bien que nous en reparlions. Par ailleurs, les députés – par la voix de l'abbé Sieyès – ont expliqué que si tous étaient citoyens, certains, les citoyens actifs, l'étaient plus que d'autres, les citoyens passifs. Il n'y avait plus d'ordres, mais on voyait apparaître des classes, suivant la fortune, puisqu'il fallait payer un impôt de la valeur de trois journées de travail pour être au moins considéré comme citoyen actif et ainsi être admis à voter dans les élections locales ou nationales. Et il fallait être encore plus riche pour être éligible, c'est-à-dire susceptible d'être élu. Je simplifie, mais le principe est clair, c'est celui du suffrage (mode d'élection) censitaire (suivant la fortune). La barrière entre les actifs et les passifs n'était pas très élevée, mais elle excluait au moins la moitié des Français, dans les classes populaires évidemment.

– *C'est injuste… Est-ce que tout le monde était d'accord ?*

– Non, il y avait déjà quelques députés défenseurs de la démocratie, comme Grégoire ou Robespierre, dont nous reparlerons. Au début, on ne les écoutait pas : avec le temps, les idées démocratiques se sont diffusées. Passons vite sur les autres réformes – un peu injustement, mais le temps nous presse – car il ne faut pas perdre le fil de la Révolution !

La justice a été complètement rénovée, dans les nouveaux cadres : les juges ont été élus. À la base, des juges de paix réglaient les cas les plus simples. La nouveauté majeure a été la réforme des châtiments et des peines, la torture a été abolie et les supplices souvent affreux de l'Ancien Régime proscrits : c'est dans un but humanitaire qu'un député philanthrope, du nom de Guillotin, a fait adopter une nouvelle machine pour donner la mort aux criminels ; coupant la tête en un clin d'œil, la guillotine avait pour but d'éviter toute souffrance inutile.

– *Quelle horreur !*

– Oui, bien sûr, surtout si on anticipe un peu sur la façon dont on en a fait un usage incontrôlé dans les années suivantes et même (bien plus discrètement) jusqu'à nous, il y a encore vingt-cinq ans. La peine de mort nous répugne, et dès l'époque il y eut un député pour demander son abolition, Robespierre, mais il restait isolé.

– *Et les impôts alors ?*

– Les finances, qui avaient représenté le problème majeur sur lequel la monarchie avait trébuché, ont été aussi réformées. Sur le principe, on a proclamé l'égalité devant l'impôt et établi de nouvelles contributions sur la terre, sur les biens mobiliers ou le commerce, en supprimant la gabelle et les autres taxes impopulaires. Les Français ne se sont pas pressés de payer, mais les députés, dans l'urgence, ont trouvé un moyen de se procurer des ressources en ayant recours à l'émission de papier monnaie qu'on a appelé l'assignat. Il a remplacé la monnaie métallique – les pièces d'or, d'argent ou de métal – par des billets qui ont perdu de leur valeur, à la fin, de façon vertigineuse… créant un très lourd problème.

– *Mais ce papier n'avait aucune valeur !*

– Ne t'indigne pas : nos billets de banque non plus n'ont aucune valeur, mais nous y sommes habitués. Sans rire : au départ les assignats étaient gagés (c'est-à-dire que leur valeur était garantie) sur une richesse considérable, à savoir les biens du clergé dont nous avons dit qu'ils représentaient plus du vingtième des terres françaises. Un vrai trésor que les constituants ont décidé de « nationaliser » en le vendant par lots au bénéfice de la nation : gigantesque opération.

– *Est-ce que c'était bien honnête ?*

– Tu te doutes que les membres du clergé ont protesté, mais aussi tout le camp opposé à la Révolution. D'autant que la richesse du clergé servait également à entretenir des hôpitaux, des écoles. Pour répondre à la question centrale : de quoi vont vivre désormais les prêtres ?, l'Assemblée a décidé de les salarier comme fonctionnaires publics, créant ainsi un clergé national ; les grands prélats y perdaient et beaucoup de prêtres y gagnaient mais ce n'est pas le problème le plus grave. Devenant fonctionnaires, les curés de paroisse, au moins, étaient astreints à prêter un serment de fidélité « À la nation, à la loi et au Roi ». Ce serment civique leur posait un cas de conscience, d'autant plus lourd que l'autorité suprême de l'Église, je veux dire le pape Pie VI, à Rome, après avoir fait attendre sa réponse, avait condamné catégoriquement ces atteintes à sa prérogative que constituaient non seulement le serment mais aussi les principes fondamentaux de la Révolution (libertés, surtout liberté religieuse, laïcisation de l'État). Devant l'obligation du serment, le clergé s'est divisé par moitié : 51 % l'ont prêté, 49 % l'ont refusé ; d'un côté les prêtres constitutionnels ou jureurs (qui approuvent la constitution civile, c'est-à-dire la nouvelle organisation du clergé), de l'autre les prêtres réfractaires. C'est ce qu'on appelle un schisme, une cassure profonde, qui divise non seulement le clergé mais aussi les populations. Car la carte des « pour » ou des « contre » nous montre une France divisée avec des régions obéissant à l'État, d'autres farouchement hostiles, surtout dans l'Ouest.

– *Hostiles à quoi ?*

– Finalement hostiles à la Révolution : le conflit religieux est aussi politique, et cela va aller jusqu'à la révolte ouverte dans les provinces, notamment en Vendée (sur la côte atlantique, au sud de la Bretagne) où une guerre civile va éclater, plus tard, en 1793. Il y a plusieurs autres causes aussi, mais la défense de la religion et celle de la contre-révolution vont s'associer dans un conflit cruel, marqué de massacres, dont nous aurons à reparler.

Chapitre 4

LA CHUTE DE LA MONARCHIE

– *C'est la religion qui fait déraper la Révolution ?*

– Pas uniquement et il est injuste d'accuser les révolutionnaires d'avoir fait plus qu'une grosse bavure (comme on dirait aujourd'hui), une énorme faute. En fait, à cette date, ce que l'on désigne comme la contre-révolution était déjà active et organisée : les princes et les nobles émigrés à l'étranger conspiraient contre le nouveau régime, montant des complots à l'intérieur, appuyés par les rois de l'Europe monarchique, qui sont d'ailleurs souvent des cousins des Bourbons. C'est par exemple le cas de la Prusse, de l'Empereur (d'Autriche, et du Saint Empire romain germanique, l'Allemagne actuelle), beau-frère de Louis XVI, par sa sœur Marie-Antoinette, la reine de France, que l'on n'aimait pas et que l'on désignait comme « l'Autrichienne », la soupçonnant de monter la tête de son mari.

– *Ce n'est pas un peu injuste ?*

– Il y avait des tas de bonnes et de mauvaises raisons de lui en vouloir, et le soupçon n'était pas faux. Le roi et la reine, hostiles depuis le début à la Révolution, tout en ménageant les apparences, décidèrent de prendre la fuite, aidés par un réseau d'aristocrates : partis le 20 juin 1791, ils devaient gagner la frontière du Nord-Est pour organiser avec l'aide des autres souverains la reprise en main de la France. Mais ils furent reconnus en route, arrêtés au passage dans une petite ville, Varennes, et ramenés à Paris. C'est une crise majeure, et d'un certain côté un tournant dans l'histoire de la Révolution.

– *Il était donc si bête Louis XVI pour se faire prendre comme cela ?*

– Il était gourmand surtout. Imagine toute la famille royale qui s'échappe de nuit du palais par les souterrains, tous déguisés, dans une grosse berline trop lente. Puis le roi qui s'attarde à table à l'auberge – on disait qu'il aimait bien manger et bien boire. Et le patriote Drouet qui les reconnaît, les rattrape… une nuit de pleine lune… Beaucoup ont rêvé : et si le roi avait été moins gourmand ? Et si la fuite avait réussi, comment auraient tourné les choses ? Il y a dans la Révolution un mouvement général qui réduit l'importance de l'événement proprement dit. On peut estimer que, d'une façon ou d'une autre, la crise aurait éclaté. La petite histoire est-elle si importante ?

– *Mais comment les gens ont-ils réagi ?*

– Les « politiques » de l'Assemblée sont abasourdis ; alors qu'ils achèvent la rédaction de la Constitution, le roi leur fait faux bond ! Ils recollent les morceaux et réinstallent le fugitif qui devra donner son accord (sa ratification) à leur texte. Mais dans l'opinion, la colère gronde ; pour beaucoup, l'image du roi est définitivement ruinée et, dans le camp des patriotes, le projet s'affirme de le détrôner pour établir une république. À Paris, dans les clubs, une pétition est lancée : quand on la présente, le 17 juillet 1791, les autorités – le maire Bailly et Lafayette, commandant de la garde nationale – font mitrailler les manifestants. Déjà tiraillé entre modérés et démocrates, qui se retrouvent au Club des Jacobins et en garderont le contrôle, le mouvement révolutionnaire se divise entre ceux qui veulent poursuivre la marche de la Révolution et ceux qui voudraient la terminer.

Quand la nouvelle Assemblée qui remplace la Constituante sous le nom d'Assemblée législative chargée de faire les lois, se réunit le 1er octobre 1791, les uns et les autres se trouvent confrontés à une décision cruciale : quelle option va prendre cette assemblée ? la paix ou la guerre ? C'est que les rois, l'Empereur, le roi de Prusse, la tsarine de Russie ont pris la mesure du danger que représente l'exemple révolutionnaire de la France. Après Varennes, ils multiplient les menaces ; en France, on se divise : le roi et les contre-révolutionnaires poussent à la guerre, car ils espèrent que le pays sera facilement conquis ; les modérés (on dit le Feuillants, du nom de l'ancien couvent dans lequel ils ont installés leur club) hésitent car ils flairent le piège ; c'est au Club des Jacobins que s'affrontent deux ténors du mouvement révolutionnaire : Brissot, journaliste, député, qui prend la tête à l'Assemblée du groupe des « brissotins » (plus tard « Girondins ») contre Robespierre, démocrate respecté, « l'Incorruptible ». Le premier prône la guerre, pour démasquer la traîtrise du roi et assurer l'expansion française en Europe, le second met en garde contre les périls de l'aventure. C'est Brissot qui gagne à la tribune : et Louis XVI fait adresser par ses ministres le 20 avril 1791 la déclaration de guerre à l'Empereur, qui sera rejoint par le roi de Prusse (et la Russie...).

Les débuts de la guerre ont été désastreux, on aurait pu le prévoir...

– *Pourquoi ? La France n'était pas puissante ?*

– Elle était profondément divisée. L'armée royale était privée de la plupart de ses officiers par l'émigration ; elle était désorganisée et les bataillons de volontaires que l'on a levés restaient encore inexpérimentés. Les frontières ont été menacées, bientôt envahies.

L'atmosphère devenait dramatique : dans le pays, les troubles se multipliaient ; on dénonçait les aristocrates, les émigrés, les prêtres réfractaires. Le roi rusait, s'entourait un jour de ministres Jacobins puis les congédiait le lendemain ; les amis de Brissot ne savaient où donner de la tête, alors même que le peuple durcissait ses positions, à Paris bien sûr, mais aussi en province. C'est de Marseille et d'ailleurs que sont montés sur Paris, pour constituer un camp et défendre la capitale, les bataillons des « fédérés », à pied certes mais en chantant ! L'air que chantaient les Provençaux nous est resté à jamais, c'est *La Marseillaise*, qui exalte la liberté et la patrie : « Allons enfants de la patrie, le jour de gloire est arrivé… » En juillet 1792, on proclama sur les places publiques « la patrie en danger ». Quand les armées ennemies pénétrèrent profondément en France, dans le Nord et dans l'Est, la colère se tourna contre le roi. Le peuple parisien tenta en vain de l'intimider le 20 juin 1792 en envahissant son palais. La seconde tentative fut la bonne : le 10 août 1792, les fédérés, les gardes nationaux et les sans-culottes assiégèrent le palais royal des Tuileries défendu par ses gardes suisses…

– *Pourquoi des Suisses ?*

– Depuis des siècles, la royauté recrutait sa garde en Suisse (comme le pape encore aujourd'hui !). Ces soldats de métier lui ont été fidèles, mais ils ont été massacrés…

– *Encore la violence ! Et que deviennent le roi et sa famille ?*

– Mais, chez les patriotes aussi, les victimes avaient été nombreuses dans l'assaut. La monarchie constitutionnelle s'écroulait par la force pour n'avoir jamais sincèrement accepté la Révolution. Louis XVI et sa famille, la reine Marie-Antoinette et ses enfants, étaient désormais prisonniers, en attendant le jugement du roi. Encore un tournant, diras-tu…

– *En effet. Lequel ? Est-ce la fin de la royauté ?*

– Oui. Voici la fin d'une monarchie vieille de plus de mille ans. Considérons tout de suite ce qui émerge : une, deux, ou même trois images fortes.

D'abord, c'est le peuple qui est victorieux. Il était présent depuis la prise de la Bastille et même avant. Mais il s'est éduqué, organisé, a pris conscience de sa force. Le sans-culotte parisien (il y en a aussi en province) se veut le représentant du peuple mobilisé pour la défense de la Révolution.

4. Un sans-culotte.

– *Pourquoi dit-on « sans-culotte » ?*

Parce qu'il a un habit particulier : non pas la culotte (jusqu'au genou) et les bas du bourgeois et de l'aristocrate, mais un pantalon (souvent rayé) : ce qui lui vaut sa dénomination, d'abord méprisante, puis dont il a tiré fierté. Il a un petit gilet, la carmagnole, et sur la tête le bonnet rouge de la liberté avec la cocarde…

– *La carmagnole, cela me dit quelque chose…*

– Cela sent l'Italie, son lieu d'origine, Carmagnola, mais ce vêtement avait été adopté par les milieux populaires. J'oubliais : il manque au portrait un sabre et une pique.

– *La pique, je croyais que c'était au Moyen Âge… Ils n'ont pas de fusils ?*

– Il n'y a pas de fusils pour tous. Pour défendre sa liberté et celle des autres, le sans-culotte est fier de cette arme. C'est un militant, il participe à des assemblées de quartier (les sections) le soir, lit les affiches ou les journaux, ce qui ne l'empêche pas d'être un bon père de famille et un travailleur…

Dans ces assemblées, on rencontre bien des bourgeois, ou des cadres comme on dirait aujourd'hui, et aussi des salariés, mais une bonne moitié, le noyau dur, est fournie par des artisans et des petits commerçants indépendants. Le sans-culotte tient à la liberté, à l'égalité (il n'aime pas les riches), à la solidarité et à la vertu. Il aime la patrie, et se bat pour la démocratie, qu'il veut exercer par lui-même.

Chapitre 5

LA PREMIÈRE RÉPUBLIQUE

– *Le peuple est victorieux. C'est la fin de la monarchie ?*

Pas tout à fait. Que faire, une fois la royauté abattue ? La deuxième image qui s'impose est celle de la République. En 1791, l'idée de république avait été vivement discutée et beaucoup de patriotes ne la croyaient pas encore possible. Elle va s'imposer à eux : l'Assemblée législative se sépare en septembre 1792 en organisant sa succession. Cela s'appellera une Convention, une assemblée élue cette fois au suffrage universel, c'est-à-dire par tous les hommes adultes.

– *Et les femmes ?*

– Pas encore, désolé. Et d'ailleurs, le vote fut bien difficile à organiser, mais le principe était bon. La nouvelle Assemblée qui s'est réunie en septembre 1792 a dû tout de suite prendre une décision : quel nom donner au nouveau régime ? Un instant d'hésitation… puis il s'impose : le 21 septembre, la République est proclamée. Un simple patriote de province se réjouit : « C'est le régime le plus naturel pour le genre humain. »

Restait à la construire et tout d'abord à la défendre : la troisième image, c'est celle de Valmy, un petit village en Champagne dans l'Est de la France. Les ennemis – ce sont des Prussiens – ont pénétré jusque-là après avoir pris les forteresses de la frontière. Leur armée est réputée, en souvenir du roi Frédéric II qui en a fait une armée modèle, manœuvrant comme à la parade. En face, au pied d'un moulin, l'armée française : quelques anciens régiments, d'autres constitués de jeunes volontaires tout frais « émoulus », comme on dit. Vont-ils se débander ainsi qu'on le croit en face ? Une canonnade. Ils ne bronchent pas, ils crient « Vive la Nation ! » Le roi de Prusse et ses généraux n'insistent pas et prennent le chemin de la retraite. Une petite bataille, certes, mais une grande victoire. Le grand poète allemand Goethe, qui y assistait en témoin, écrit qu'une nouvelle page s'ouvre dans l'histoire de l'humanité. La fête de la Fédération en 1790 avait célébré la Nation, Valmy fait émerger la Patrie qui n'est pas tout à fait la même chose.

– *Pourquoi est-ce différent ?*

– La Patrie, c'est ce qu'on porte dans son cœur.

Le peuple, la République, la patrie… J'allais me laisser aller ! En fait tout va plutôt mal, et bientôt très mal.

La nouvelle Assemblée, la Convention, s'est divisée très vite entre deux groupes rivaux, même si, entre les deux, beaucoup de députés du centre (on disait « la Plaine ») hésitaient à se situer. Au début, l'initiative est revenue aux Girondins, les anciens Brissotins. Ils étaient à gauche, les voilà à droite, pour faire simple. Souvent jeunes et brillants, Brissot, Vergniaud, Guadet… – j'arrête, tu ne retiendras pas tous ces noms –, sont des bourgeois parfois venus des grands ports de commerce comme Bordeaux, ce qui leur a valu leur nom. Attachés à la Révolution et à ses conquêtes, ils voudraient maintenant la terminer car ils craignent d'être débordés par le mouvement populaire des sans-culottes, qui s'impose à Paris comme dans de grandes villes de province. Ils sont effrayés par ses débordements qui parfois s'achèvent en massacre (à Paris au mois de septembre 1792), et surtout par ses revendications sociales et politiques. Leurs adversaires, les Montagnards, sont aussi d'origine bourgeoise, mais persuadés que, pour s'en tirer, la Révolution doit s'appuyer sur le mouvement populaire en tenant compte de ses aspirations. Ils ne viennent pas de la montagne, malgré leur nom, mais, dans la salle des séances, ils sont installés sur les bancs les plus élevés. Eux aussi comptent de grandes individualités, Robespierre, Saint-Just, Marat : mais nous les retrouverons.

Leur différence est apparue dans l'épreuve redoutable qu'ont représentée le procès, puis la condamnation à mort de Louis XVI, exécuté le 21 janvier 1793. Qu'aurait-il fallu faire du roi ?

– *Est-ce qu'on n'aurait pas pu l'emprisonner seulement, ou l'exiler, sans pour cela l'exécuter ?*

– Ce sont des solutions que les Girondins ont essayé de défendre, lors du grand débat qui s'est tenu à la Convention. Mais Louis XVI avait trahi son pays, correspondu avec l'ennemi… Les porte-parole de la Montagne l'ont dit, le roi vivant, la France était menacée ; « Il faut que Louis meure pour que la République vive » et leur avis l'a emporté. Et finalement, la mort de Louis XVI, guillotiné le 21 janvier 1793, allait avoir de lourdes conséquences.

À l'extérieur, les armées françaises, après leur victoire inespérée de Valmy, avaient remporté de grands succès ; elles avaient occupé et annexé à la France, au Sud la Savoie et le comté de Nice, enlevés au roi de Piémont, au Nord, la Belgique et une partie de la rive gauche du Rhin. Puis était venu le temps des revers et, au lendemain de la mort du roi, l'Angleterre, la Hollande, l'Espagne s'étaient joints aux ennemis, formant ce que l'on appela la première coalition : à l'été 1793, les frontières étaient de nouveau menacées. Et c'est à ce moment qu'a éclaté cette guerre civile dont j'ai déjà dit un mot, en Vendée, dans l'Ouest, où les paysans, soulevés en mars 1793 contre la République, ont remporté d'abord de grands succès. Ces périls accroissaient la tension dans les villes, à Paris notamment, où le conflit entre Girondins et Montagnards s'aggravait. Disons d'un mot que les Girondins n'ont pas été à la hauteur des périls qu'ils avaient affrontés en souhaitant la guerre. L'alliance du parti montagnard et du peuple des sections de Paris a conduit à une journée révolutionnaire le 2 juin 1793, quand la Convention, assiégée par les émeutiers, a décidé d'arrêter les principaux députés de la Gironde et de les emprisonner : c'est ce que l'on appelle un coup d'État – et cela aussi représente un moment important dans le cours de la Révolution.

– *Qu'est-ce que cela a changé ?*

– D'abord cela a aggravé la guerre civile, car les partisans des Girondins ont à leur tour soulevé des villes et des régions contre ce qu'ils dénonçaient comme la dictature de Paris sur la province. C'est ce que l'on appelle l'insurrection « fédéraliste » (par opposition au centralisme de la capitale). La Normandie, Bordeaux, Lyon, Marseille se sont insurgés, un port de la Méditerranée, Toulon, s'est livré aux Anglais... Puis, il a fallu soumettre et parfois reconquérir par un siège en règle Lyon et Toulon ; cela a entraîné des représailles sévères, des exécutions parfois massives, de l'émigration. Le sang coule dans la République : pour faire face à tous les périls, les libertés sont suspendues, un gouvernement se met en place – le gouvernement de salut public – et son arme sera la Terreur.

– Je ne m'y reconnais plus. La Révolution, c'était la liberté, la fin des injustices. Est-ce que tout cela était nécessaire ?

– On n'a pas fini de se poser la question. Certains pensent que c'était la pente naturelle et pour ainsi dire fatale de ce qui s'était passé depuis 1789 et qui devait produire la dictature. D'autres, dont je suis, estiment que ceux qui ont pris ces responsabilités, comme les Montagnards, appuyés sur le mouvement populaire, ont eu le courage de faire face à des circonstances terribles, et qu'ils ont à ce prix sauvé la Révolution. Mais avant de leur donner raison ou tort, voyons ce qui se passe.

La nouvelle Assemblée, la Convention, constitue un Comité de salut public où figurent les dirigeants de la Montagne, Danton, puis Robespierre en juillet 1793, douze au total – faute de pouvoir nommer chacun d'eux, je citerai Saint-Just, un tout jeune homme, Couthon, Carnot qui s'occupe des armées. Ils ont les pleins pouvoirs, c'est le gouvernement de salut public. Il remet le pays sous son contrôle, envoyant des députés dans tout le pays comme « représentants en mission », renouvelant les autorités, s'appuyant sur les Clubs jacobins locaux et les Comités de surveillance. Ils ont souvent été énergiques, mais un certain nombre d'entre eux ont abusé de leurs pouvoirs et exercé une Terreur sanglante.

– *C'est quoi la Terreur ?*

– La Terreur, devenue pour un temps officielle, est l'arme de répression de la contre-révolution. On emprisonne les citoyens considérés comme suspects, on institue un Tribunal révolutionnaire à Paris, qui juge suivant une procédure expéditive et envoie des milliers de personnes à la guillotine : après le roi, la reine Marie-Antoinette, des aristocrates surtout, mais aussi de riches négociants, des prêtres et des gens modestes dans les zones de troubles. En Vendée, lorsque l'heure de la reconquête est venue, des « colonnes infernales » de soldats républicains ont brûlé les villages et souvent massacré. Combien de morts ? Par la guillotine, sans doute autour de 16 000, mais les exécutions collectives doivent aggraver ce chiffre lourdement. Rien qu'en Vendée, autour de 130 000 sans doute, bien qu'on ait dit beaucoup plus.

C'est là le volet sombre et même terrible de cette période de la Révolution, mais il faut aussi envisager l'autre face de cette politique.

Le gouvernement révolutionnaire a eu comme impératif de répondre aux besoins les plus urgents du peuple : la rareté des denrées, la montée des prix, la misère. Il a appliqué la solution autoritaire que réclamaient les porte-parole populaires, la taxation, c'est-à-dire un prix maximum sur le pain, puis sur toutes les denrées, puis encore sur les salaires, ce qui fit moins plaisir aux ouvriers. Il a pratiqué les réquisitions, envoyé des contingents de l'armée révolutionnaire fouiller dans les fermes... Cette politique a eu une certaine efficacité.

– *Et la guerre ? Est-ce qu'elle continue ?*

– Oui, et pour soutenir l'effort de guerre aux frontières, ce qui était sa préoccupation,

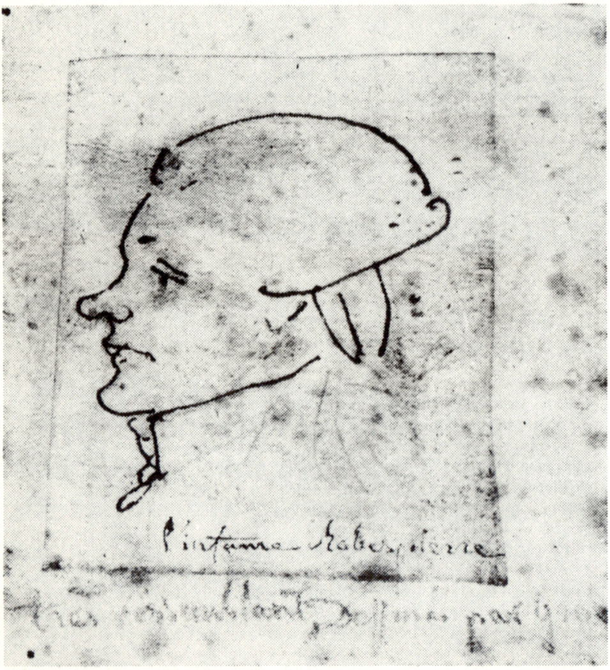

5. Robespierre croqué sur le vif.

le gouvernement révolutionnaire ouvre des ateliers de chaussures, d'habits et des manufactures d'armes ou des fonderies de canons.

Il mène aussi une politique sociale, par souci des plus démunis, des indigents, des veuves de soldats, auxquels il tente de porter assistance. Saint-Just, au printemps de 1791, fait voter la distribution des biens des suspects aux plus malheureux dans les communes. Un grand registre devait être ouvert… mais la mesure n'a pas eu le temps d'être appliquée : après la vente des biens du clergé (et des émigrés), cela aurait été le plus audacieux des bouleversements sociaux.

C'est que Robespierre et ses amis ne sont pas des tyrans sanguinaires : au-delà de la réponse aux circonstances, ils ont un haut idéal. Celui de fonder la République par une régénération de ses citoyens. Ils tentent d'implanter une pédagogie républicaine par l'écrit, par la parole. Ils n'ont pas perdu de vue l'idéal démocratique à construire : et c'est durant cette période que la Convention décrète la suppression de l'esclavage dans les colonies françaises, dans la continuité du message émancipateur de la Déclaration des droits de l'homme. Voilà un sujet que je n'ai pas abordé : mais il y a tant à dire…

Imagine aussi que la Convention a eu l'audace d'entreprendre de réformer, de refondre le temps et l'espace…

– *Qu'est-ce que cela veut dire ?*

– L'espace ? Avant 1789, il y avait mille manières de le mesurer, car chaque contrée avait ses traditions pour les surfaces, les volumes. La Convention a confié à des savants le soin d'inventer un moyen de mesure unique, universel, valable pour tous, c'est le mètre, la dix millionième partie du quart du méridien terrestre…

– *Pitié, je ne comprends plus… Quel en est l'intérêt ?*

– N'entrons pas dans le détail et disons qu'il s'agit d'une mesure qui se réfère, en théorie, à l'espace terrestre. Avec le mètre, en longueur, les surfaces et les volumes ont été uniformisés : c'est ce que l'on appelle le système métrique (et décimal), qui s'est imposé dans le monde entier, même si les Anglo-Saxons y sont rétifs. En France aussi, bien sûr, il y eut des résistances.

Mais, sur ce terrain, la Révolution a gagné : ce qui n'est pas le cas pour la réforme du temps. Les conventionnels ont voulu « laïciser » sa mesure en supprimant la référence au calendrier chrétien, avec ses fêtes, ses saints, son rythme de la semaine. Le calendrier républicain découpait l'année en mois de 30 jours, de 3 décades chacun (et un petit rajout de 5 jours au bout...). Les mois, il leur donnait des noms très poétiques qui rappellent la nature et les saisons : Vendémiaire (septembre, les vendanges), Brumaire (l'automne), Frimaire (novembre-décembre)... Tu pourras t'exercer à les découvrir, comme aussi les noms des jours qui s'inspiraient également des travaux des hommes et de la nature. On datait les années des débuts de la République, en septembre 1792 : l'an I, l'an II, cela a duré jusqu'à l'an XIV, quand l'empereur Napoléon a supprimé ce système pour revenir au calendrier chrétien.

– *On dirait que tu regrettes ce calendrier ?*

– J'ai une tendresse pour lui. Mais, au lieu de rêver, il faut bien l'avouer : cet échec, c'est aussi celui d'une autre aventure, celle de la déchristianisation de l'an II. Au temps de la Terreur, elle tient une place à part car elle n'est pas à proprement parler une initiative du gouvernement de salut public. Ce n'est pas qu'il ait eu une grande sympathie pour la religion en place : depuis la coupure – le schisme – dans l'église en 1791, les prêtres réfractaires avaient été suspectés, déportés, considérés comme complices de l'aristocratie. Un fort anticléricalisme existait, à Paris et dans certaines régions. À l'automne 1793, ce sont des communes entières qui ont décidé de se « déprêtriser » et de former leurs propres « églises ». À Paris, l'évêque Gobel est venu à la Convention pour renoncer à son état de prêtre, et la cathédrale transformée en temple de la Raison a été le lieu d'une cérémonie où la déesse Raison était représentée par une actrice… En province, le mouvement s'est répandu dans tout le pays : le plus spectaculaire étaient les « abdications » de prêtres – peut-être 20 000 – et les défilés de carnaval des objets sacrés. Avec un succès inégal, les déchristianisateurs étaient des militants révolutionnaires avancés, les mêmes qui poussaient par ailleurs aux mesures politiques et sociales extrêmes. Mais, à la Convention, Robespierre et son groupe ne l'entendaient pas ainsi : ils refusaient l'athéisme (c'est-à-dire le rejet de toute religion) sous couvert du culte de la Raison. Robespierre restait « déiste », comme la majorité de ses contemporains, car, pour lui, un Être suprême capable de récompenser les bons et de punir les méchants était la condition pour faire triompher la Vertu. C'est cette Vertu qui seule pouvait justifier que l'on applique la Terreur : car qu'est-ce que la Terreur sans la Vertu ? Tu comprends son raisonnement, ou plutôt sa croyance ?

– *J'essaie, mais je ne vois pas comment cela peut finir… Que va-t-il faire ?*

– Robespierre a fait voter par la Convention la reconnaissance de l'Immortalité de l'âme et de l'Être suprême, ce qui a déplu à beaucoup. Il a fait célébrer à Paris et dans toute la France, le 8 juin 1794, la fête de l'Être suprême, sans doute une des plus belles de toute la Révolution, et son apothéose à lui… mais son sort était réglé.

– *Comment ça ?*

– Il faut remonter quelque temps en arrière : l'énergie du Comité de salut public a sauvé les frontières, les armées de la République sont de nouveau à l'offensive, en France l'ordre est rétabli. Mais, pour cela, il a fallu domestiquer le mouvement populaire des sans-culottes, supprimer leurs assemblées et se débarrasser des leaders les plus en vue, les Hébertistes (du nom d'Hébert, un journaliste populaire) : on les a accusés de conspiration, et exécutés en mars 1794 (Ventôse an II). Pour y parvenir, Robespierre avait eu besoin de l'appui de ceux qui trouvaient au contraire que la Révolution allait trop loin et qu'il fallait mettre fin à la Terreur, les « Indulgents » ; le plus célèbre d'entre eux était Danton. Il finira à son tour jugé par le Tribunal révolutionnaire, puis exécuté. C'est ce que l'on appelle la chute des « factions ». Le mécanisme de la Terreur s'emballe ; la guillotine fait de plus en plus de victimes alors que beaucoup aspirent à la fin de la Révolution. Saint-Just écrit : « La Révolution est glacée. »

– *C'était pourtant un ami de Robespierre, tu l'as dit ?*

– Et fidèle : mais autour de « l'Incorruptible » les rangs s'éclaircissent. Les modérés de la Convention se lassent, les députés corrompus ou parfois compromis dans les excès de la Terreur craignent pour eux-mêmes. Ils organisent une conjuration contre Robespierre et ses proches : le 9 Thermidor à l'Assemblée, l'Incorruptible, empêché de parler, est décrété d'arrestation. Ses fidèles ne sont plus nombreux. Avec ses partisans, il est guillotiné le 10 Thermidor. Une grande figure disparaît et toute une période de la Révolution se clôt.

– *Tu le regrettes, malgré la Terreur et tout ce sang ?*

– Oui, parce que ce n'était pas un dictateur comme on l'a dit. Avec sa conviction, sa rectitude d'Incorruptible, il a été l'âme de la Révolution dans sa phase la plus terrible. La Révolution avec les sans-culottes, c'est-à-dire avec le peuple tant que cela a été possible : quand le lien s'est rompu, il n'avait plus de raison de vivre.

Chapitre 6

LE DIRECTOIRE : FINIR LA RÉVOLUTION ?

– *Alors, la Révolution est finie ?*

– Non, nous allons entrer dans la seconde phase de la Révolution : aussi longue que la première, de 1795 à 1799. Nous la survolerons rapidement car il se fait tard. Ne crois pas surtout que ce soit parce qu'elle me plaît moins, ce qui serait injuste pour elle (et peut-être pour moi). De la fin de la Convention, après Thermidor, au régime suivant, celui du Directoire, l'objectif a été de sortir de la Terreur, de terminer la Révolution : pour les uns par un retour à l'ordre qui sauvegarde les acquis, du moins en partie, pour les autres, royalistes et contre-révolutionnaires, par un retour au passé, tandis que certains, au contraire, rêvent d'une révolution nouvelle et différente.

Les députés qui avaient abattu Robespierre n'étaient pas tous réactionnaires, mais ils ont liquidé le système du gouvernement révolutionnaire et ont travaillé à stabiliser le régime. Ils ont dû affronter des urgences ; à gauche, si l'on veut, les sans-culottes parisiens, poussés à bout par la misère et la disette de retour en l'an III (1795), se sont soulevés pour la dernière fois en réclamant aussi une constitution démocratique : ils ont été écrasés, désarmés et ce fut la fin du mouvement populaire de masse.

– *Et personne n'a réagi ?*

– En face, à Paris et en province, s'est déchaîné un mouvement de réaction contre-révolutionnaire violent : on l'appelle la Terreur blanche, animée par des bandes et des jeunes gens, les « Muscadins », qui ont mené des expéditions meurtrières contre les patriotes, qualifiés de Terroristes. Des massacres ont été perpétrés, dans le Midi, de Lyon à Marseille et en Provence, pour venger les excès d'hier. Les prêtres émigrés rentraient et le culte reprenait, appuyant cette réaction. À Paris, les royalistes ont tenté un soulèvement, ils ont été écrasés (Vendémiaire an IV – octobre 1795).

Cependant, la Convention, attaquée sur deux fronts, a mené à leur terme plusieurs réformes, dans le domaine de l'éducation et de la culture, et surtout elle a élaboré la Constitution dite de l'an III (1795). Dans la Déclaration des droits et des devoirs, l'égalité n'est plus à l'ordre du jour ; les nouvelles institutions visent à écarter tout péril de nouvelle dictature et à assurer la domination des notables : il y a désormais deux assemblées, le conseil des Cinq-Cents et celui des Anciens qui se partagent la tâche de fabriquer les lois, et le pouvoir exécutif (de gouvernement) est divisé entre cinq Directeurs fréquemment renouvelés. Vois-tu dans quel but ?

– *Je pense que c'est pour qu'aucun ne domine les autres… Mais n'est-ce pas trop cinq personnes pour décider ?*

– Bien sûr : à force de précautions, on en vient à un système où il n'y a pas d'arbitre en cas de conflit, par exemple entre les assemblées et les Directeurs. La solution a été la pratique des coups d'État, c'est-à-dire d'épreuves de force, où les Directeurs annulaient l'élection d'une nouvelle chambre – ou, à l'inverse, où celle-ci renvoyait les Directeurs. On a vu là un vice de fabrication qui créait une sorte de fatalité, mais en fait, ce que cette instabilité révélait, c'était le trouble profond d'un monde qui n'avait pas retrouvé sa stabilité.

La réglementation économique de l'an II a été supprimée : la société du Directoire a laissé l'image du contraste entre la misère de beaucoup, quand les prix s'affolent avec l'inflation du papier monnaie, et la richesse insolente de quelques-uns, qui profitent d'une liberté retrouvée : on a parlé de « la fête directoriale ». Les jeunes gens riches, les « Muscadins » et leurs compagnes, les « Merveilleuses », mènent une vie de divertissement et portent des tenues extravagantes. Une sorte de *dolce vita*, avec des nouveaux riches et des politiciens corrompus.

L'autorité de l'État est compromise : les impôts ne sont pas payés, mais les salaires non plus. Dans les campagnes, le brigandage se répand, sur les grandes routes ou dans les fermes. Les dirigeants du Directoire ont gardé une réputation médiocre, peut-être à l'image de Barras, l'un des Directeurs particulièrement corrompu, mais ces bourgeois modérés

TABLE

CRÉDITS PHOTOGRAPHIQUES

Les cinq illustrations sont extraites de l'*Almanach de la Révolution française*, Jean Massin, Le club français du livre, 1963.

1. 5 mai 1789. L'ouverture des états généraux à Versailles. (Dessin de Monnet, gravé par Helman.)

2. 14 juillet 1789. La prise de la Bastille. (Gravure de Prieur.)

3. Images populaires qui représentent les trois ordres (le tiers état, le clergé, la noblesse), avant et après la Révolution.

4. Un sans-culotte.

5. Robespierre croqué sur le vif. (Dessin de Gros.)

Du même auteur

Marat : textes choisis
Éditions sociales, 1961 ; Messidor, 1988

Vision de la mort et de l'au-delà en Provence
d'après les autels des âmes du Purgatoire
(XVe-XXe siècle)
(en collaboration avec Gaby Vovelle)
Armand Colin, 1970

La Chute de la monarchie (1787-1792)
Vol. 1 de la Nouvelle histoire de la France contemporaine
Seuil, « Points Histoire », n° 101, 1972 ; 1999

Piété baroque et déchristianisation en Provence
au XVIIIe siècle
Les attitudes devant la mort d'après les clauses des testaments
Plon, 1973 ;
version abrégée, Seuil, « Points Histoire », n° 34, 1978 ;
Éditions du CTHS, « Format », 1997

Mourir autrefois
Attitudes collectives devant la mort aux XVIIe et XVIIIe siècles
Gallimard, « Archives », 1974 ;
« Folio Histoire », n° 28, 1990

L'Irrésistible ascension de Joseph Sec, bourgeois d'Aix
Suivi de Quelques clés pour la lecture des naïfs
Aix-en-Provence, Édisud, 1975

Les Métamorphoses de la fête en Provence
de 1750 à1820
Flammarion, 1976

Religion et Révolution
La déchristianisation de l'an II
Hachette, 1976

De la cave au grenier
Un itinéraire en Provence au XVIIIe siècle
De l'histoire sociale à l'histoire des mentalités
Serge Fleury / Édisud, 1980

Ville et campagne au XVIIIe siècle
Chartres et la Beauce
Éditions sociales, 1980 ; 1988

Idéologies et Mentalités
Maspero / La Découverte, 1982 ; 1985 ;
Gallimard, « Folio Histoire », n° 48, 1992

La Mort et l'Occident de 1300 à nos jours
Précédé de *La Mort, état des lieux*
Gallimard, 1983 ; 2000

Théodore Desorgues ou la Désorganisation
Aix-Paris (1763-1808)
Seuil, « L'Univers historique », 1985

La Mentalité révolutionnaire
Société et mentalités sous la Révolution française
Messidor, 1985 ; Éditions sociales, 1989

La Révolution française
Images et récits (1789-1799), *5 vol.*
Messidor, 1986

L'État de la France pendant la Révolution (1789-1799)
(direction)
La Découverte, 1988

1793, La Révolution contre l'Église
De la Raison à l'Être suprême
Bruxelles, Complexe, 1988 ; 2002

Les Aventures de la Raison
Entretiens avec Richard Figuier
Belfond, 1989

Histoires figurales
Des montres médiévaux à Wonderwoman
Usher, 1989

Les Mémoires de Fouché
(Présentation)
Éditions de l'Imprimerie nationale, 1992

La Révolution française (1789-1799)
Armand Colin, « Cursus », 1993 ; 2015

La Découverte de la politique
Géopolitique de la Révolution française
La Découverte, 1993

Combats pour la Révolution française
La Découverte, 1993 ; 2001

L'Heure du grand passage
Gallimard, « Découvertes », 1993

L'Homme des Lumières
(direction)
Seuil, « L'Univers historique », 1996

Les Âmes du Purgatoire ou Le Travail du deuil
Gallimard, « Le Temps des images », 1996

Les Jacobins
De Robespierre à Chevènement
La Découverte, 1999 ; « La Découverte poche », 2001

Les Républiques-sœurs
sous le regard de la Grande Nation
1795-1803, de l'Italie aux portes de l'Empire ottoman,
l'impact du modèle républicain français
L'Harmattan, 2001

Héritages de la Révolution française
à la lumière de Jaurès
(codirection avec Christine Peyrard)
Marseille, Presses de l'université de Provence, 2002

La Marseillaise
(édition avec Emmanuel Hondré)
Arts et Culture, 2002

Les Folies d'Aix ou La Fin d'un monde
Pantin, Temps des cerises, 2004

Les Mots de la Révolution
Toulouse, Presses universitaires du Mirail, 2004

1789
L'héritage et la mémoire
Toulouse, Privat, « Histoire », 2007

L'Administration napoléonienne en Europe :
adhésions et résistances
(codirection avec Christine Peyrard et Francis Pomponi)
Aix-en-Provence, Publications de l'université de Provence, 2008

Les Sans-Culottes marseillais
Le mouvement sectionnaire du jacobinisme
au fédéralisme, 1791-1793
Aix-en-Provence, Publications de l'université de Provence,
« Le Temps de l'histoire », 2009

L'Étrange Monument Joseph Sec à Aix-en-Provence
Le Pontet, A. Barthélemy, 2009

La Révolution au village
Une communauté gardoise de 1750 à 1815 :
Saint-Jean-de-Maruéjols
Éd. de Paris-Max Chaleil, 2013

Derniers titres parus dans la même série

Roland Lehoucq
Les Extraterrestres expliqués à mes enfants

Jean-Pierre Azéma
L'Occupation expliquée à mon petit-fils

Benjamin Stora
La Guerre d'Algérie expliquée à tous

Rachid Benzine
Le Coran expliqué aux jeunes

Henry Rousso
La Seconde Guerre mondiale expliquée à ma fille

Elias Sanbar
La Palestine expliquée à tout le monde

Michel Wieviorka
L'Antisémitisme expliqué aux jeunes

Jean-Marc Lévy-Leblond
La Science expliquée à mes petits-enfants

Hubert Reeves et Yves Lancelot
La Mer expliquée à nos petits-enfants

Joseph Doré
Jésus expliqué à tous

Élisabeth Roudinesco
L'Inconscient expliqué à mon petit-fils

Réalisation : PAO Éditions du Seuil
Achevé d'imprimer par Normandie Roto Impression s.a.s.
à Lonrai (Orne)
Dépôt légal : janvier 2006. N° 81245-8 (1503084)
Imprimé en France